Gaetano Piccolo

AF174568

VÍA CRUCIS
Con personajes de la Pasión

Paulinas

Traducción: Equipo Paulinas.
Imagen de cubierta: Ku Bogu.
Diseño de cubierta y maquetación: Alba Cosío Velasco.

© PAULINAS 2025
Carril del Conde, 62 - 28043 Madrid
Tel.: 91 721 89 84 - Fax: 91 759 02 04
E-mail: editorial@paulinas.es
www.paulinas.es

PAOLINE Editoriale Libri
© FIGLIE DI SAN PAOLO, 2019

ISBN: 978-84-19408-46-4
Depósito Legal: M-1014-2025

Impreso por Gar.Vi. 28970 Humanes (Madrid).
Printed in Spain. Impreso en España.

PARA EMPEZAR

V/. En el nombre del Padre, del Hijo y del Espíritu Santo.

R/. Amen.

V/. Nuestra vida es como un Vía Crucis, un camino en el que estamos llamados a asumir la cruz como criterio de nuestras elecciones. Y en este camino que es la vida se puede estar de diferentes maneras.

Pidamos al Señor que sepamos reconocer en qué estación nos encontramos hoy, para decidir cómo proseguir nuestro camino hacia la resurrección.

R/. Amen.

Primera estación

¿Qué significa amar de verdad?

V/. Te adoramos, oh Cristo, y te bendecimos.
R/. Pues por tu santa cruz redimiste al mundo.

La Palabra

Estando Jesús en Betania en casa de Simón el leproso y puesto a la mesa, llegó una mujer llevando un frasco de alabastro con perfume de nardo auténtico, de mucho valor; rompió el alabastro y lo derramo sobre su cabeza (Mc 14,3).

Meditación

Amamos cuando dejamos de ajustar cuentas, amamos cuando estamos dispuestos a no ganar. Esta mujer nos enseña que ama verdaderamente solo quien es capaz de derrochar. Como ella, también nosotros, a veces, no somos capaces de explicar el amor. ¡El amor se vive! Y las palabras, a menudo, no son capaces de expresarlo. Un frasco roto, perfume desperdiciado: este gesto imita y anticipa

lo que Jesús está a punto de cumplir en Jerusalén,
subiendo a la cruz: costado abierto, sangre derra-
mada.

Oración

*Ayúdanos, Señor, a romper ese precioso frasco en el
que está contenida nuestra vida. Ayúdanos a entender que la vida se pudre si no es aprovechada por
alguien. Ayúdanos a entrar en el silencio del amor.*

Segunda estación

¿Por qué Dios permanece en silencio?

V/. Te adoramos, oh Cristo, y te bendecimos.
R/. Pues por tu santa cruz redimiste al mundo.

La Palabra

Entonces Judas Iscariote, uno de los doce, fue a los sumos sacerdotes para poner en sus manos a Jesús. Ellos al oírlo se alegraron y prometieron darle dinero. Y él buscaba la oportunidad para entregarlo (Mc 14,10-11).

Meditación

A veces nos cansamos. Estamos cansados incluso de esperar los tiempos de Dios. Nos preguntamos por qué Dios no hace justicia, por qué no cambia las situaciones equivocadas, por qué las cosas no van según nuestras expectativas. Cuando estamos cansados de esperar, decidimos, como Judas, buscar nuestras propias soluciones. Así salimos del Cenáculo, es decir, salimos del lugar de la comunión con el Señor. Pensamos que podemos ser los artífices de nuestra vida y, en cambio, hemos empezado a construir caminos de muerte.

ORACIÓN

Ayúdanos, Señor, a saber esperar. Mira nuestro cansancio: te lo confiamos. Acepta nuestra impaciencia, ponla en tu corazón. ¡Escucha nuestro lamento, confiamos en ti!

¿Yo podría ser también el traidor?

V/. Te adoramos, oh Cristo, y te bendecimos.
R/. Pues por tu santa cruz redimiste al mundo.

La Palabra

Al atardecer, llegó Él con los doce. Estando a la mesa comiendo, Jesús dijo: «Os aseguro que uno de vosotros, que come conmigo, me entregará». Muy entristecidos, comenzaron a decirle uno tras otro «¿Soy yo?» (Mc 14,17-19).

Meditación

¿Soy yo, Señor, el que no puede perdonar? ¿Soy yo, Señor, el que no confía en ti? A veces me doy cuenta de que, a pesar de haber pasado mucho tiempo contigo, siempre estoy dispuesto a traicionar. Me doy cuenta de que, a pesar de la imagen, a pesar de lo que muestro a los demás, a menudo tengo en el corazón la guerra. Alimento en mí envidia y celos, alimento mis prejuicios y construyo tribunales en mi mente dispuestos a condenar sin piedad. El pan que hoy rompes conmigo tiene el sabor de la amargura, la amargura de quien hoy apenas te mira a los ojos.

ORACIÓN

Señor, yo también soy el que podría traicionarte. Lo reconozco. Tengo ganas de huir, de salvar mi vida. Ayúdame a permanecer incluso cuando en el corazón cae la noche, ayúdame a estar contigo también cuando la duda habita en mi mente.

Cuarta estación

¿Solo puedo contar sobre mis fuerzas?

V/. Te adoramos, oh Cristo, y te bendecimos.
R/. Pues por tu santa cruz redimiste al mundo.

La Palabra

Pedro le dijo: «Aunque fueras para todos ocasión de caída, para mí no», Jesús le dijo: «Te aseguro que esta misma noche antes de que el gallo cante dos veces, me negaras tres». Pedro insistió: «¡Aunque tenga que morir contigo, jamás te negaré!» (Mc 14,29-31).

Meditación

La vida me ha enseñado a cuidar de mí mismo. He tenido que pensar en mí mismo. En los momentos difíciles me he encontrado solo. Así que pensé, sin darme cuenta, que podría prescindir de ti también, Señor. Empecé a creer que seguirte dependía solo de mis fuerzas. Y en cambio ante el dolor y el miedo me encontré débil. Vi mi fragilidad y hui.

Oración

Levántanos, Señor, porque podríamos quedar aplastados bajo el peso de nuestra traición. Sana la imagen de nosotros mismos que se ha hecho añicos cuando descubrimos nuestros límites. Danos la humildad de reconocer que sin ti estamos perdidos.

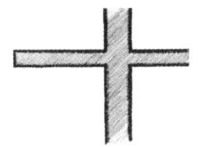

¿Qué es lo que le agobia a mi corazón?

V/. Te adoramos, oh Cristo, y te bendecimos.
R/. Pues por tu santa cruz redimiste al mundo.

LA PALABRA

Llegaron al huerto llamado de los Getsemaní, y dijo a sus discípulos: «Quedaos aquí mientras voy a orar». Tomó consigo a Pedro a Santiago y a Juan, y comenzó a sentir terror y angustia; y les dijo: «Me muero de tristeza, quedaos aquí y velad conmigo» (Mc 14,32-34).

MEDITACIÓN

En la vida necesitamos velar, mantener los ojos abiertos, vigilar. La tentación está en el horizonte y espera para sorprendernos en nuestros momentos de cansancio. Es la tentación de pensar solo en nosotros mismos, la tentación de no confiar en nadie, ni siquiera en Dios, la tentación de juzgar y de sentirnos juzgados. Hay un punto de inflexión que nos arrolla: nos hace creer que estamos conquistando nuestra vida y en cambio nos lleva a despilfarrar la vida, sin llegar nunca a ningún lado. Orar y velar quiere decir permanecer en la relación con el Padre, reconocer que en él todo encuentra sentido.

ORACIÓN

Ayúdanos, Señor, a permanecer despiertos. Todos atravesamos momentos de cansancio y de desconcierto. Ayúdanos a mantener nuestra lámpara encendida y aunque se apague algunas veces, quédate con nosotros y ayúdanos a encenderla de nuevo.

¿Hay alguien en quién puedo confiar?

V/. Te adoramos, oh Cristo, y te bendecimos.
R/. Pues por tu santa cruz redimiste al mundo.

LA PALABRA

Todos le abandonaron y huyeron. Un joven cubierto solo de una sábana, seguía a Jesús. Le echaron mano. Pero él soltando la sábana se escapó desnudo (Mc 14,50-52).

MEDITACIÓN

También Jesús experimenta el fracaso de la relación: precisamente aquellos que han caminado con él, los que lo han escuchado y admirado, precisamente aquellos que han comido con él, en el momento de la prueba huyen y lo abandonan. También nosotros experimentamos el fracaso en nuestras relaciones, cuando precisamente aquellos en quienes hemos apostado, aquellos en quienes hemos creído nos abandonan en los momentos más difíciles.

Hay una esperanza que se enciende: la vida continúa y nadie puede detenerla, al igual que este niño que nadie puede retener. Hay una vida que va adelante y que no se deja atrapar por las lógicas del mundo.

ORACIÓN

Ayúdanos, Señor, en los momentos oscuros a no ceder a la desesperación. Enciende en nosotros la esperanza, danos el saber ver el pequeño germen que surge en la noche de nuestra vida. Consuélanos con tu dulce y humilde presencia.

Séptima estación

¿Por qué debería abandonar mis seguridades?

V/. Te adoramos, oh Cristo, y te bendecimos.
R/. Pues por tu santa cruz redimiste al mundo.

LA PALABRA

Entonces el sumo sacerdote se rango las vestiduras y dijo: «Que necesidad tenemos ya de testigos». Habéis oído la blasfemia. ¿Qué os parece? Todos le condenaron a muerte. Luego se pusieron a escupirlo; le taparon la cara y lo abofeteaban diciendo: «¡Adivina! ¡Haz de profeta!». Y los criados le daban puñetazos (Mc 14,63-65).

MEDITACIÓN

No soportamos a quien nos cuestiona, alejamos de nosotros a quien piensa de modo diferente, a quien nos pone en crisis con sus juicios. Queremos aferrarnos a nuestras seguridades, como el sumo sacerdote: Jesús es una amenaza para su modo de pensar. El sumo sacerdote es la imagen de aquellos

rituales que se perpetúan en nuestras comunida-
des, en los grupos, en los ambientes de trabajo. Es
la imagen de lo que se considera intocable y no nos
hace avanzar en la vida.

ORACIÓN

*Dónanos, Señor, la libertad de interrogarnos, la dis-
ponibilidad para escuchar a quien piensa de manera
distinta a nosotros, danos la humildad de cambiar.
No permitas, Señor, que sigamos viviendo en la tris-
te rigidez de nuestros esquemas. Concédenos el don
de dejarnos poner en crisis por ti.*

¿Dónde encuentro el valor para ver quién soy realmente?

V/. Te adoramos, oh Cristo, y te bendecimos.
R/. Pues por tu santa cruz redimiste al mundo.

La Palabra

Él lo negó otra vez. Y poco después los presentes le decían a Pedro: «Ciertamente eres de ellos, porque eres galileo». Pero él se puso a maldecir y a perjurar: «No conozco a ese hombre que decís». Y al instante cantó el gallo por segunda vez. Pedro se acordó de lo que Jesús le había dicho: «Antes que el gallo cante dos veces, me negarás tres». Y se echó a llorar (Mc 14,70-72).

Meditación

Cuando se trata de arriesgar, cuando hay una posibilidad de perder, cuando no podemos controlar todo lo que está en juego, es el momento en que brota cómo somos. Es en esos momentos de fatiga que uno comprende cómo hemos amado. Luego la realidad nos arrolla, nos damos cuenta de nuestro límite y de nuestro pecado. Entonces, finalmente, el corazón se derrite. Y es allí donde podemos por fin reconocer y acoger lo que somos realmente.

ORACIÓN

Perdónanos, Señor, por todas las veces que hemos fingido no conocerte, por todas las veces que hemos querido mantenerte lejos de nuestra vida. Te pedimos el don de las lágrimas, esas lágrimas que purifican nuestra mirada y nos ayudan a vernos tal como somos.

¿Cómo se decide?

V/. Te adoramos, oh Cristo, y te bendecimos.
R/. Pues por tu santa cruz redimiste al mundo.

La Palabra

Pilato le pregunto: «¿Eres tú el rey de los judíos?». Y él respondió: «Tú lo dices». Y los sumos sacerdotes le acusaban de muchas cosas. Pilato le pregunto de nuevo: «¿No respondes nada? Mira de cuantas cosas te acusan». Pero Jesús no respondió nada, hasta el punto de que Pilato quedó muy extrañado (Mc 15,2-5).

Meditación

Cada vez es más frecuente ver a personas obsesionadas con su imagen. Queremos salvar las apariencias. Estamos un poco preocupados por cómo nos ven los demás. Nos hemos convertido en esclavos de las expectativas de los demás. Nos cuesta decidir porque tenemos miedo de decepcionar, no queremos correr el riesgo de equivocarnos. Entonces nos quedamos en la inmovilidad o tratamos de complacer al más fuerte. Nos cuesta crecer en la libertad de nuestras decisiones.

Oración

Ayúdanos, Señor, a no descuidar nuestros compromisos, ayúdanos a no renunciar por miedo a nuestras responsabilidades. Danos el valor de correr el riesgo de tomar decisiones difíciles, pero auténticas y verdaderas. Te rogamos especialmente por aquellos que tienen papeles de responsabilidad en la sociedad civil y en la Iglesia.

Décima estación

¿Qué se puede hacer frente a la injusticia?

V/. Te adoramos, oh Cristo, y te bendecimos.
R/. Pues por tu santa cruz redimiste al mundo.

La Palabra

Pilato les dijo: «¿Qué queréis que haga con el que llamáis rey de los judíos?». Ellos gritaron: «¡Crucifícalo!». Pilato replicó: «Pero qué mal ha hecho». Y ellos gritaban más alto: «¡Crucifícalo!». Pilato entonces, queriendo satisfacer a la gente, les puso en libertad a Barrabás y les entregó a Jesús, para que lo azotaran y lo crucificaran (Mc 15,12-15).

Meditación

En la vida he aprendido que siempre son los más débiles los que pagan las consecuencias de los errores de los poderosos. El humilde es pisoteado, y el que grita es olvidado. Vivimos en una cultura donde Barrabás es siempre al que se deja libre. Barrabás es el trofeo de los que engañan a los demás, el éxito de los que solo buscan sus propios intereses. Desde entonces, esa injusticia se repite y no somos más que mercancía de los que hacen sus propios intereses en nuestra carne.

Jesús es moneda de cambio, condenado en las negociaciones secretas de los políticos que utilizan el grito ciego de la multitud. Aún hoy, en esos momentos, parece que los violentos siguen ganando y que para los débiles no hay esperanza.

Oración

Te pedimos, Señor, por todos los inocentes injustamente condenados. Te pedimos por aquellos que soportan el peso de las decisiones poco éticas de la política. Sigue construyendo, Señor, silenciosos caminos de verdad. Esperamos, confiando en tu justicia.

Undécima estación

¿Por qué no debería pensar en salvarme yo mismo antes que todo?

V/. Te adoramos, oh Cristo, y te bendecimos.
R/. Pues por tu santa cruz redimiste al mundo.

La Palabra

Los que pasaban por allí lo insultaban moviendo la cabeza y diciendo: «¡Bah! ¡Tú que destruías el templo y lo edificabas en tres días sálvate a ti mismo y baja de la cruz!». Del mismo modo los sumos sacerdotes y los maestros de la ley se burlaban de él y decían: «Ha salvado a otros y no puede salvarse a sí mismo. ¡El mesías, el rey de Israel!; que baje ahora de la cruz, para que veamos y creamos» (Mc 15,29-32).

Meditación

«Luché, Señor, resistí, pero ahora estoy cansado». Es el grito que se eleva de tantas personas probadas de muchas maneras y que ya no pueden soportar el peso de la cruz. Son las personas enfermas o que acompañan la enfermedad de un ser

querido. Es el lamento de quien se siente traicio-
nado, derrotado o decepcionado. Es el lamento de
quien no puede dar un futuro a sus hijos. Cuando
estamos cansados, la tentación vuelve de la forma
más sutil y rastrera: se aprovecha de nuestra ham-
bre, juega con nuestra debilidad, acaricia nuestro
orgullo, nos propone pensar en primer lugar en
nosotros mismos.

ORACIÓN

*Escucha, Señor, el grito de los pobres de la tierra.
Mira nuestra debilidad y ven en nuestro auxilio.
También tú has experimentado la cruda realidad de
la tentación que se aprovecha de los momentos en
los que ya no tenemos esperanza. Devuelve la fuerza
a nuestro corazón y no permitas que nos separemos
de ti.*

Duodécima estación

¿Qué está pasando dentro de mí?

V/. Te adoramos, oh Cristo, y te bendecimos.
R/. Pues por tu santa cruz redimiste al mundo.

La Palabra

Jesús lanzando un gran grito, expiró. La cortina del templo se rasgó en dos de arriba abajo. El oficial, situado frente a él, al verlo expirar así, exclamó: «Verdaderamente este hombre era Hijo de Dios» (Mc 15,37-39).

Meditación

Hay situaciones de la vida que crean un terremoto dentro de nosotros. Nos ponen patas arriba. A veces son circunstancias dolorosas, pero tienen el poder de cambiar algo dentro de nosotros. Y nosotros mismos nos quedamos maravillados de cómo nuestra vida puede transformarse.

La muerte de Jesús es el acontecimiento que cambia nuestra historia. Muchas veces nos encontramos ante esa cruz que trastorna la existencia:

cuando encontramos el dolor inocente, cuando nos cruzamos con el llanto de una madre, cuando nos encontramos impotentes frente a la enfermedad. Desde aquel terremoto la vida puede volver a empezar siempre de nuevo.

Oración

Ayúdanos, Señor, a no permanecer insensibles ante el dolor. Danos el valor de ponernos a buscar; enciende en nosotros el deseo de entender con el corazón, de manera cada vez más profunda, cuál es el verdadero sentido de nuestra vida.

¿Qué vería a mi alrededor si intentara mirar?

V/. Te adoramos, oh Cristo, y te bendecimos.
R/. Pues por tu santa cruz redimiste al mundo.

LA PALABRA

Había también unas mujeres mirando desde lejos. Entre ellas María Magdalena, María la madre de Santiago el menor y de José, y Salomé, las cuales, cuando estaba Jesús en Galilea, lo acompañaban y lo servían; y muchas otras que habían subido con él a Jerusalén (Mc 15,40-41).

MEDITACIÓN

Nuestra mirada es a menudo superficial. No nos damos cuenta de lo que sucede a nuestro alrededor, quizás porque estamos demasiado replegados en nosotros mismos, en nuestro egoísmo; permanecemos cerrados en nuestro interés, indiferentes. En el Evangelio encontramos siempre la mirada sensible de las mujeres que observa y comprende lo que está sucediendo. Ellas no huyeron como los discípulos: permanecieron. Saben esperar. Y mientras tanto miran, tratando de recoger las señales, de poner en orden los pedazos. Como María, que conserva todo en su corazón. Las mujeres tienen la paciencia del discernimiento.

ORACIÓN

Ayúdanos, María, a no huir, sino a permanecer contigo al pie de la cruz. Danos la sabiduría del corazón, la capacidad de esperar y discernir. Ayúdanos a no tener la prisa que destruye, sino a saber esperar los tiempos de la vida.

Decimocuarta estación

¿Por qué ya no puedo esperar?

V/. Te adoramos, oh Cristo, y te bendecimos.
R/. Pues por tu santa cruz redimiste al mundo.

La Palabra

Al saberlo por el oficial, [Pilato] concedió el cadáver a José [de Arimatea]. Este compró una sábana, lo bajó de la cruz, lo envolvió en la sábana y lo puso en un sepulcro excavado en la roca. Luego hizo rodar una losa para cerrar la puerta del sepulcro (Mc 15,45-46).

Meditación

¿Se puede ser cristianos sin esperanza? A veces vivimos nuestra fe de una manera muy rigurosa, no nos falta nada, pero el corazón está apagado. Como José de Arimatea, hacemos todo lo que se debe hacer, incluso con valor, pero ya no creemos que algo realmente puede cambiar en nuestra vida. Hemos dejado de tener esperanza. La vida nos ha rodado encima su piedra; a veces nos hemos puesto nosotros mismos sobre los hombros una piedra pesada. Y con el tiempo nos convencemos de que no había posibilidad de volver a empezar.

ORACIÓN

Te confiamos, Señor, a todas las personas que han dejado de esperar, a las personas resignadas, a aquellas que tienen dificultades para creer, pero no tienen ni siquiera el valor de decírselo a sí mismas. Te confiamos a los cristianos que han convertido la fe en una obligación, en una empresa, en una ocasión para poner su conciencia en orden, pero ya no ven la esperanza, porque ya no creen que tú puedes cambiar realmente su vida.

Para concluir

V/. ¿En qué estación nos hemos detenido? ¿Dónde nos encontramos en este momento de nuestra vida?

Intentemos averiguar dónde estamos, porque solo así podremos partir hacia el amanecer de un nuevo día.

Y tú, María, humilde peregrina detrás de la cruz de tu Hijo, estrella en el camino del Calvario, amor paciente, ayúdanos a no huir ante el dolor, sino a saber esperar la luz que vuelve, el rostro de tu Hijo que ilumina las tinieblas de este mundo.

ÍNDICE